La estación de policía

Julie Murray

MI COMUNIDAD: LUGARES

Abdo
Kids

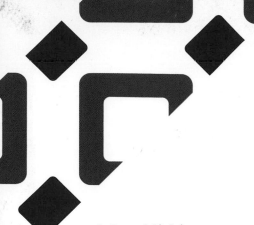

abdopublishing.com

Published by Abdo Kids, a division of ABDO, PO Box 398166, Minneapolis, Minnesota 55439.
Copyright © 2017 by Abdo Consulting Group, Inc. International copyrights reserved in all countries.
No part of this book may be reproduced in any form without written permission from the publisher.

Printed in the United States of America, North Mankato, Minnesota.

102016

012017

 THIS BOOK CONTAINS
RECYCLED MATERIALS

Spanish Translator: Maria Puchol

Photo Credits: Alamy, Glow Images, iStock, Shutterstock,
©Abdul Sami Haqqani p.19, ©meunierd p.21 / Shutterstock.com

Production Contributors: Teddy Borth, Jennie Forsberg, Grace Hansen

Design Contributors: Christina Doffing, Candice Keimig, Dorothy Toth

Publisher's Cataloging-in-Publication Data

Names: Murray, Julie, author.

Title: La estación de policía / by Julie Murray.

Other titles: The police station. Spanish

Description: Minneapolis, MN : Abdo Kids, 2017. | Series: Mi comunidad:
    lugares | Includes bibliographical references and index.

Identifiers: LCCN 2016947559 | ISBN 9781624026393 (lib. bdg.) |
    ISBN 9781624028632 (ebook)

Subjects: LCSH: Police stations--Juvenile literature. | Buildings--Juvenile
    literature. | Spanish language materials--Juvenile literature.

Classification: DDC 363.2--dc23

LC record available at http://lccn.loc.gov/2016947559

Contenido

La estación de policía

Mark es un agente de policía. Él trabaja en la estación de policía.

La estación de policía tiene salas para reuniones. Bill toma asistencia.

Amy trabaja en el centro
de llamadas de emergencia.
Ella contesta las llamadas
de solicitud de ayuda.

9

Sara ayuda a tomar **huellas dactilares** en la estación de policía.

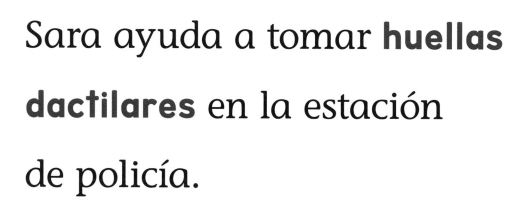

11

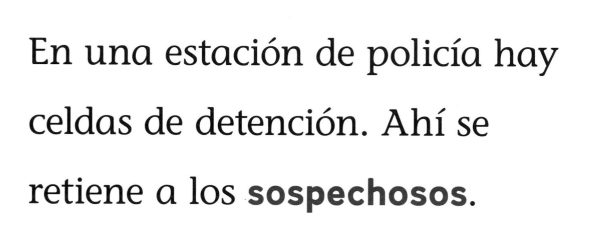

En una estación de policía hay celdas de detención. Ahí se retiene a los **sospechosos**.

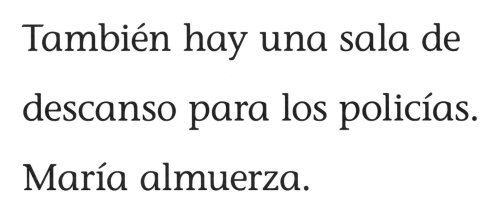

También hay una sala de descanso para los policías. María almuerza.

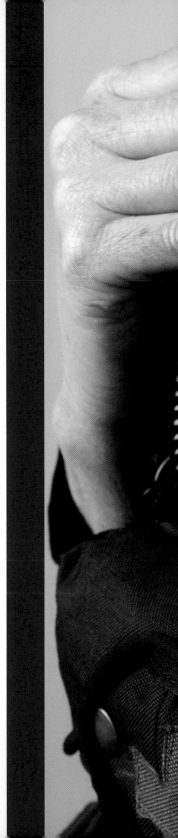

En la estación se guarda el **equipamiento** para los policías. Ana se pone su chaleco.

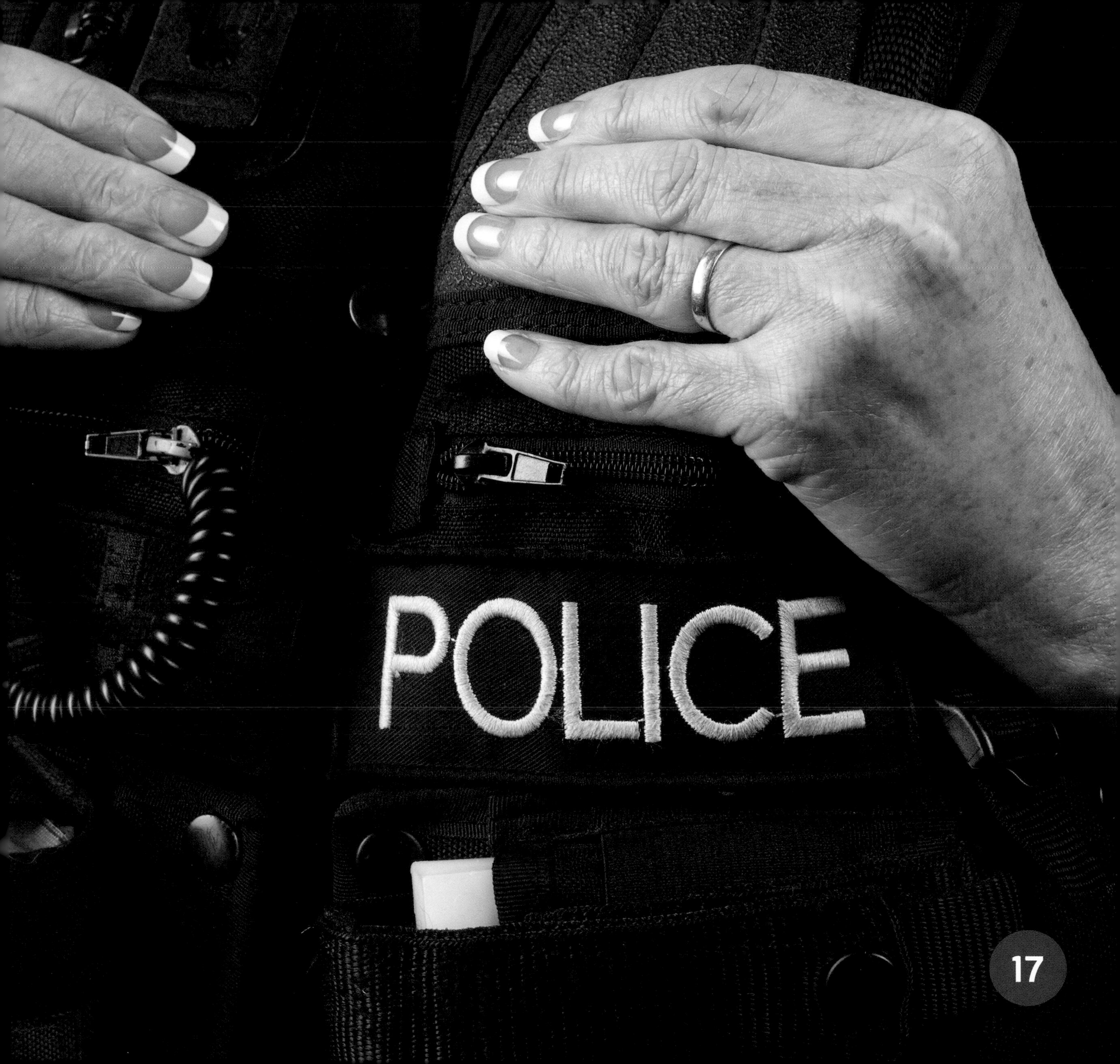
POLICE

También estacionan los autos de policía. ¡Están listos para salir!

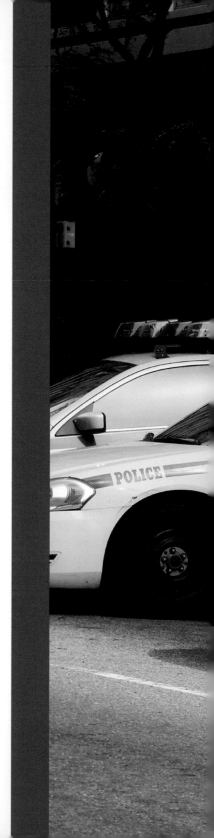

¿Has estado en una estación
de policía?

En la estación de policía

auto de policía

equipamiento de policía

celda de detención

huella dactilar

Glosario

equipamiento
materiales, ropa y todo lo necesario para hacer una tarea.

huella dactilar
marca de tinta de la yema de los dedos de una persona.

sospechoso
persona que podría ser culpable de un crimen.

Índice

abdokids.com

¡Usa este código para entrar en abdokids.com y tener acceso a juegos, arte, videos y mucho más!

Código Abdo Kids:
MTK5383